Impressum
Verlag: BABADADA GmbH, Nedderfeld 112 , 22529 Hamburg
Geschäftsführer / Verlagsleitung: Harald Hof
Druck: Books on Demand GmbH, In de Tarpen 42, 22848 Norderstedt

Imprint
Publisher: BABADADA GmbH, Nedderfeld 112 , 22529 Hamburg, Germany
Managing Director / Publishing direction: Harald Hof
Print: Books on Demand GmbH, In de Tarpen 42, 22848 Norderstedt, Germany

škola

المدرسة

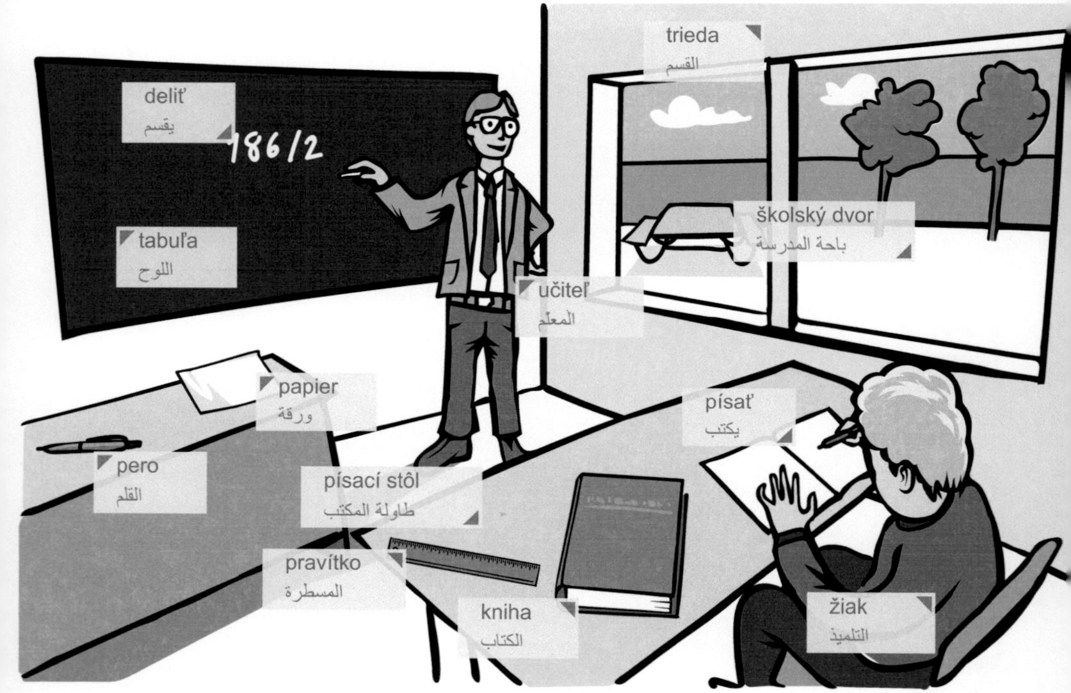
trieda
القسم
deliť
يقسم
186/2
tabuľa
اللوح
učiteľ
المعلّم
školský dvor
باحة المدرسة
papier
ورقة
písať
يكتب
pero
القلم
písací stôl
طاولة المكتب
pravítko
المسطرة
kniha
الكتاب
žiak
التلميذ

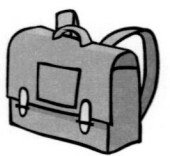

školská taška

الحقيبة المدرسية

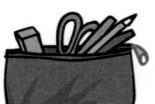

peračník

المقلمة

ceruza

قلم الرصاص

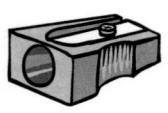

strúhadlo na ceruzky

البرّاية

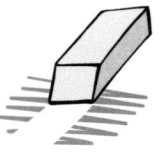

guma

المِمحاة

skicár

دفتر الرسم

kresba

الرسمة

štetec

الفرشاة

vodové farby

علبة التلوين

nožnice

المقص

lepidlo

المادة اللاصقة

cvičný zošit

دفتر التمارين

domáca úloha

الواجب المدرسي

číslo

الرقم

2+2

sčítať

يجمع

5-2

odčítať

يطرح

2×2

násobiť

يضرب

počítať

يحسب

A

písmeno

الحرف

ABCDEFG
HIJKLMN
OPQRSTU
VWXYZ

abeceda

الأبجدية

slovo

كلمة

text

النص

čítať

يقرأ

krieda

الطبشور

hodina

الحصة

triedna kniha

دفتر الدوام المدرسي

skúška

الامتحان

certifikát

شهادة

školská uniforma

اللباس المدرسي

vzdelanie

التعليم

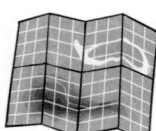

encyklopédia

الموسوعة

univerzita

الجامعة

mikroskop

المجهر

mapa

الخريطة

kôš na papier

قماما

cesta

سفر

hotel
فندق
Grand
nocľaháreň
بيت الشباب
ROOMS
zmenáreň
مكتب صرافة
EXCHANGE
kufor
حقيبة
auto
سيارة

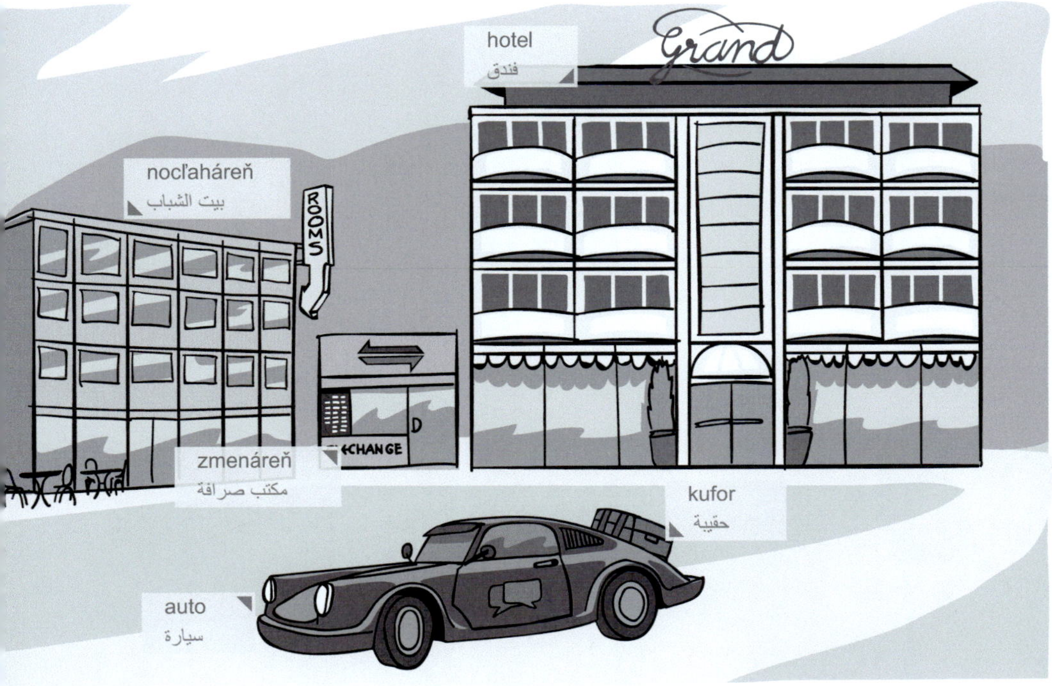

jazyk

اللغة

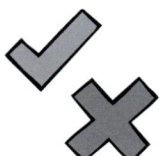

áno/nie

نعم / لا

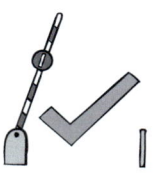

v poriadku

حسناً

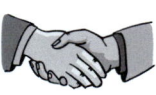

ahoj

مرحباً

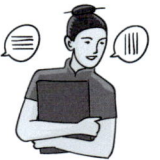

prekladateľ

مترجم

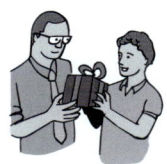

ďakujem

شكراً

Koľko stojí ... ?

كم ثمن ... ؟

Nerozumiem

لا أفهم

problém

مشكلة

Dobrý večer!

مساء الخير

Dobré ráno!

صباح الخير!

Dobrú noc!

ليلة سعيدة

Dovidenia

إلى اللقاء

smer

اتجاه

batožina

أمتعة السفر

taška

حقيبة

batoh

حقيبة ظهر

hosť

ضيف

izba

غرفة

spacák

كيس للنوم

stan

خيمة

informácie pre turistov

استعلامات سياحية

pláž

شاطئ

kreditná karta

بطاقة ائتمان

raňajky

إفطار

obed

طعام الغداء

večera

العشاء

cestovný lístok

بطاقة سفر

výťah

مصعد

poštová známka

طابع بريدي

hranica

حدود

clo

الجمارك

veľvyslanectvo

سفارة

vízum

تأشيرة

cestovný pas

جواز سفر

doprava

نقل

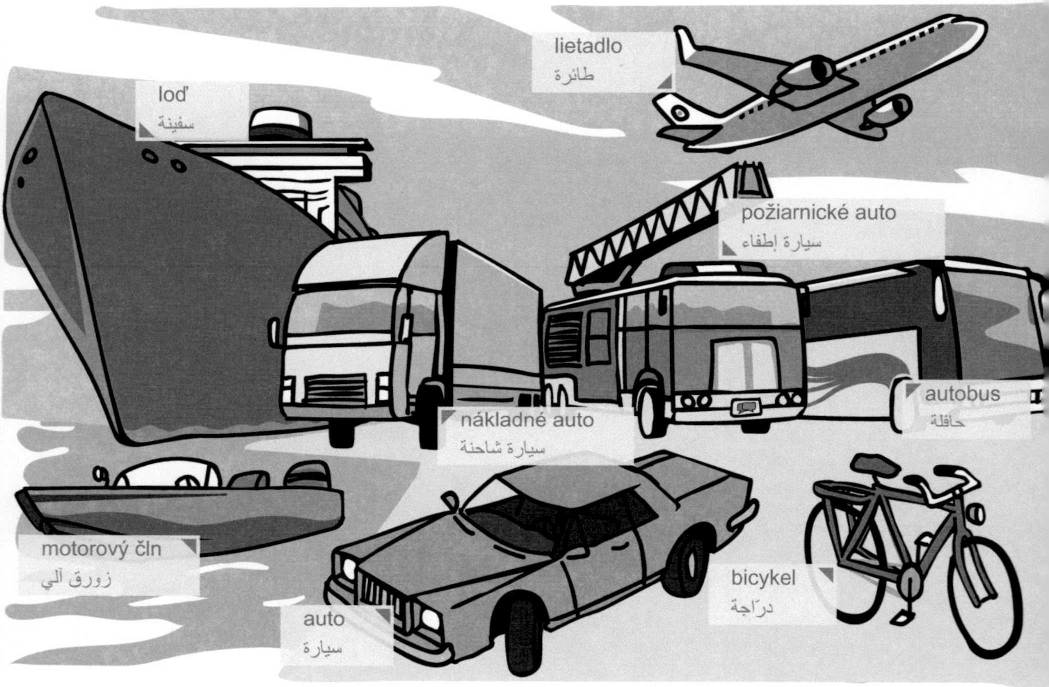
lietadlo
طائرة
loď
سفينة
požiarnické auto
سيارة إطفاء
autobus
حافلة
nákladné auto
سيارة شاحنة
motorový čln
زورق آلي
bicykel
درّاجة
auto
سيارة

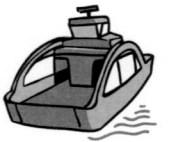

trajekt

عبارة

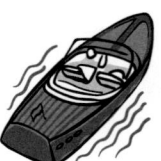

loď

قارب

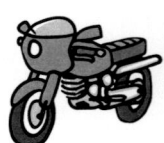

motorka

دراجة نارية

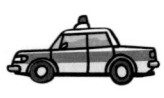

policajné auto

سيارة شرطة

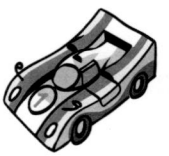

pretekárske auto

سيارة سباق

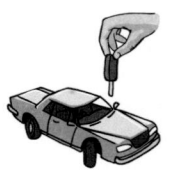

vozidlo z požičovne

سيارة مستأجرة

carsharing

أسلوب تشاركي في استئجار السيارات

odťahové auto

سيارة للجر

smetiarske auto

سيارة نقل القمامة

motor

محرك

benzín

وقود

čerpacia stanica

محطة وقود

dopravná značka

إشارة مرور

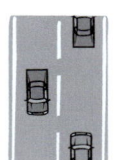

premávka

حركة السير

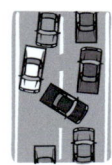

zápcha

ازدحام سير

parkovisko

موقف سيارات

vlaková stanica

محطة قطار

trate

سكك حديدية

vlak

قطار

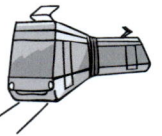

električka

ترام

vagón

عربة قطار

helikoptéra

طائرة مروحية

letisko

مطار

veža

برج

pasažier

مسافر

kontajner

حاوية

kartón

علبة كرتون

vozík

عربة يد

kôš

سلة

štartovať / pristáť

يقلع / يهبط

mesto

مدينة

dedina

قرية

centrum mesta

مركز المدينة

dom

بيت

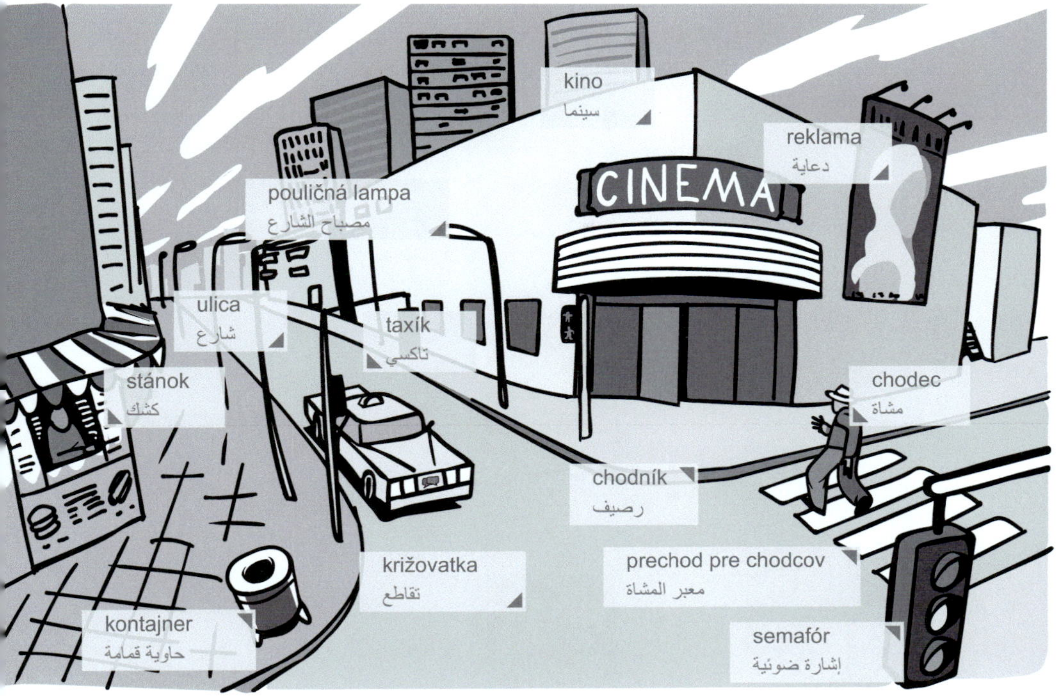

Illustration labels

kino
سينما

reklama
دعاية

pouličná lampa
مصباح الشارع

ulica
شارع

taxík
تاكسي

stánok
كشك

chodec
مشاة

chodník
رصيف

križovatka
تقاطع

prechod pre chodcov
معبر المشاة

kontajner
حاوية قمامة

semafór
إشارة ضوئية

CINEMA

chata

كوخ

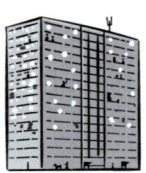

byt

شقة

vlaková stanica

محطة قطار

radnica

دار البلدية

múzeum

متحف

škola

المدرسة

univerzita

الجامعة

banka

مصرف

nemocnica

المستشفى

hotel

فندق

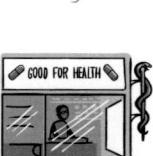

lekáreň

صيدلية

kancelária

مكتب

kníhkupectvo

مكتبة

obchod

متّجر

kvetinárstvo

محل لبيع الزهور

supermarket

سوبرماركت

trh

سوق

obchodný dom

متجر كبير

obchodník s rybami

تاجر السمك

nákupné stredisko

مركز تسوّق

prístav

ميناء

park

حديقة عامة

lavička

مقعد

most

جسر

schody

درج، سلم

metro

مترو

tunel

نفق

autobusová zastávka

موقف حافلات

bar

بار

reštaurácia

مطعم

poštová schránka

صندوق البريد

tabuľa s názvom ulice

لافتة باسم الشارع

parkovacie hodiny

مقياس زمن الوقوف

ZOO

حديقة حيوانات

plaváreň

مسبح

mešita

مسجد

farma

مزرعة

znečisťovanie životného prostredia

تلوث البيئة

cintorín

مقبرة

kostol

كنيسة

ihrisko

ملعب الأطفال

chrám

معبد

terén

طبيعة ريفية

list
ورقة

smerová tabuľa
علامة إرشاد

cesta
طريق

lúka
مرج

kameň
حجر

strom
شجرة

turista
رحالة

rieka
نهر

tráva
عشب

kvet
زهرة

dolina

وادٍ

kopec

جبل

jazero

بحيرة

les

غابة

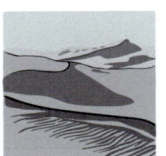

púšť

صحراء

vulkán

بركان

zámok

قلعة

dúha

قوس قزح

hríb

فطر

palma

نخلة

komár

بعوض

mucha

ذبّانة

mravec

نملة

včela

نحلة

pavúk

عنكبوت

chrobák

خنفساء

žaba

ضفدعة

veverička

سنجاب

jež

قنفذ

zajac

أرنب

sova

بومة

vták

عصفور

labuť

بجعة

diviak

خنزير برّي

jeleň

غزال

los

إلكة

hrádza

سد

veterná turbína

دولاب الطاحونة الهوائية

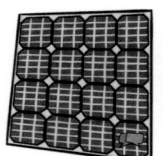

solárny panel

خلية شمسية

podnebie

مناخ

reštaurácia

مطعم

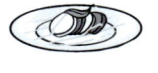

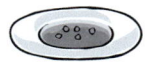

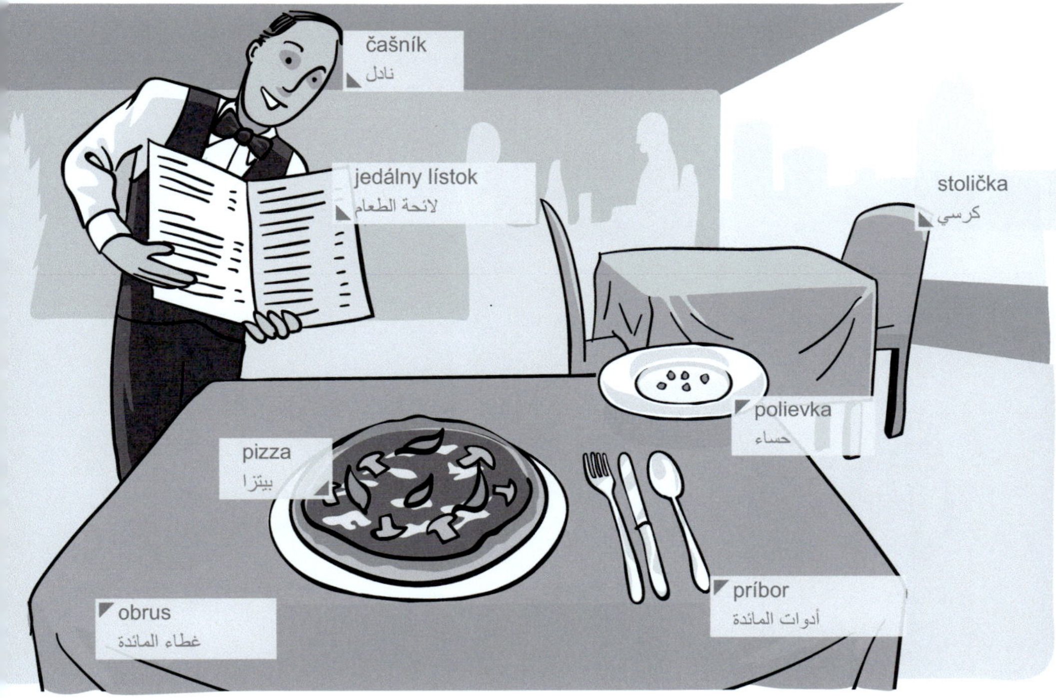

čašník
نادل
jedálny lístok
لائحة الطعام
stolička
كرسي
polievka
حساء
pizza
بيتزا
príbor
أدوات المائدة
obrus
غطاء المائدة

predjedlo

مقبلات

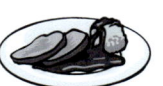

hlavné jedlo

الصحن الرئيسي

zákusok

حلوى أو فاكهة بعد الطعام

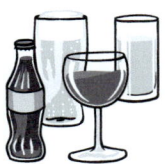

nápoje

مشروبات

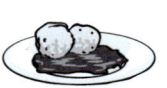

jedlo

طعام

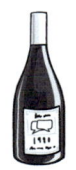

fľaša

زجاجة

fast-food

وجبات سريعة

street food

طعام الشارع

kanvica na čaj

إبريق الشاي

cukornička

علبة السكر

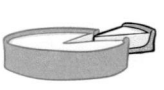

porcia

حصّة

stroj na espresso

آلة الإسبريسو

detská stolička

كرسي عالٍ

účet

فاتورة

podnos

صينية

nôž

سكين

vidlička

شوكة

lyžica

ملعقة

čajová lyžička

ملعقة الشاي

obrúsok

منديل المائدة

pohár

كأس

tanier

صحن

hlboký tanier

صحن الحساء

podšálka

صحن الفنجان

omáčka

صلصة

soľnička

مملحة

mlynček na korenie

مطحنة الفلفل

ocot

خلّ

olej

زيت الطعام

korenie

توابل

kečup

كتشاب

horčica

خردل

majonéza

مايونيز

supermarket
سوبرماركت

špeciálna ponuka
عرض خاص
FOR
klient
زبون
mliečne výrobky
مشتقات الحليب
ovocie
فواكه
nákupný vozík
عربة تسوّق

BUTCHERS

mäsiarstvo

جزّار

BAKERY

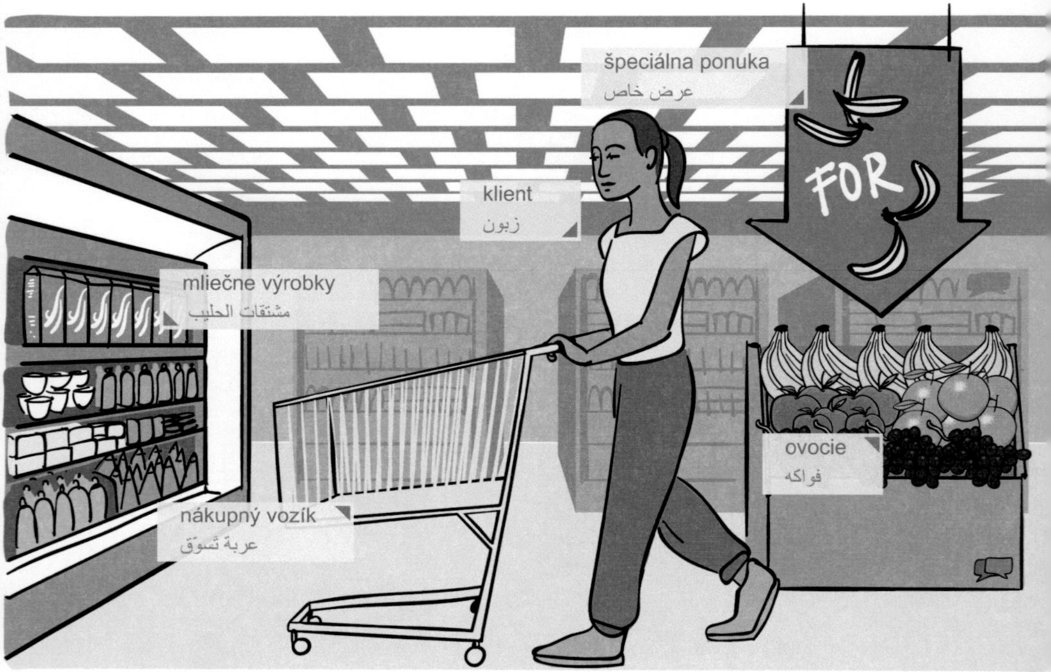

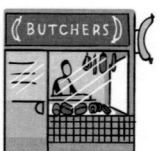

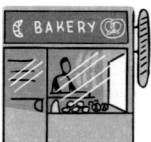

pekáreň

مخبز

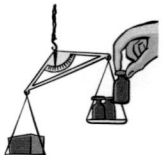

vážiť

يزن

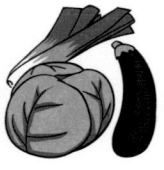

zelenina

خضار

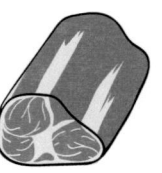

mäso

لحم

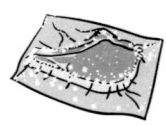

mrazené potraviny

المأكولات المجمّدة

nárez

مرتديلا أو جبن

konzervy

معلّبات

prací prostriedok

مسحوق الغسيل

sladkosti

حلويات

domáce potreby

المواد المنزلية

čistiace prostriedky

منظّفات

predavačka

بائعة

pokladňa

صندوق الحساب

pokladník

أمين صندوق

nákupný zoznam

قائمة المشتريات

otváracie hodiny

أوقات العمل

peňaženka

محفظة النقود

kreditná karta

بطاقة ائتمان

taška

حقيبة

plastové vrecko

كيس بلاستيكي

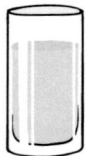

voda

ماء

džús

عصير

mlieko

حليب

kola

كولا

víno

نبيذ

pivo

بيرة

alkohol

كحول

kakao

كاكاو

čaj

شاي

káva

قهوة

espresso

قهوة إسبريسو

kapučíno

كابوتشينو

banán

موزة

jablko

تفاح

pomaranč

برتقال

melón

بطيخ

citrón

ليمون

mrkva

جزرة

cesnak

ثوم

bambus

خيزران

cibuľa

بصل

hríb

فطر

orechy

لوزيات

rezance

شعيرية

špagety

سباغيتي

ryža

أرزّ

šalát

سلطة

hranolky

بطاطا مقلية

pečené zemiaky

بطاطا مقلية

pizza

بيتزا

hamburger

هامبورغر

obložený chlebík

ساندويش

rezeň

شريحة لحم مقلية

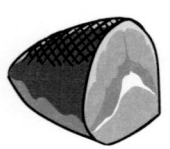

šunka

لحم خنزير

saláma

سلامي

klobása

سجق

kurča

دجاج

pečené mäso

لحم محمر

ryba

سمك

ovsené vločky

دقيق الشوفان

müsli

موسلي

kukuričné lupienky

كورن فلكس

múka

طحين

croissant

كرواسان

pečivo

خبز صغير

chlieb

خبز

hrianka

خبز محمص

sušienky

بسكويت

maslo

زبدة

tvaroh

لبن زبادي

koláč

كعكة

vajce

بيضة

volské oko

بيض مقلي

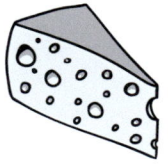

syr

جبنة

zmrzlina

مثلجات

cukor

سكر

med

عسل

lekvár

مربّى الفاكهة

nugátová nátierka

كريم النوغا

karí korenie

الكاري

farma
مزرعة

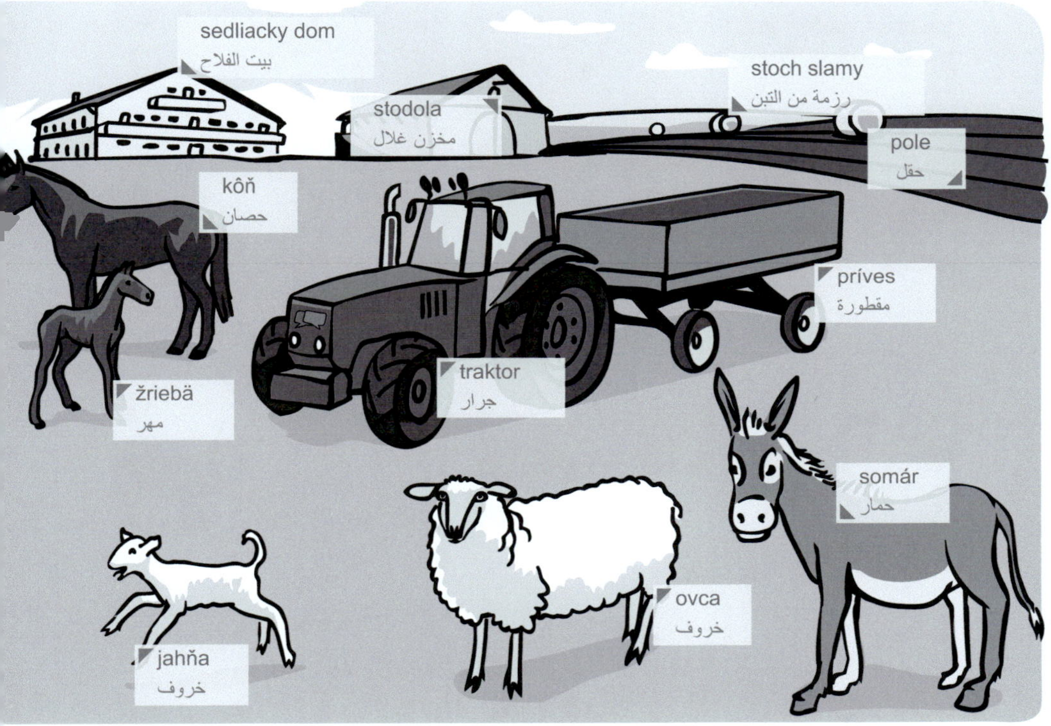
sedliacky dom
بيت الفلاح
stodola
مخزن غلال
stoch slamy
رزمة من التبن
pole
حقل
kôň
حصان
príves
مقطورة
žriebä
مهر
traktor
جرار
somár
حمار
ovca
خروف
jahňa
خروف

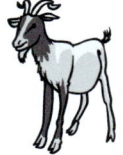

koza
ماعز

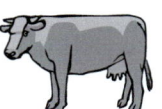

krava
بقرة

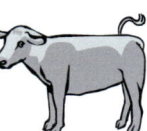

teľa
عجل

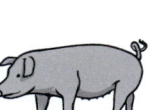

prasa
خنزير

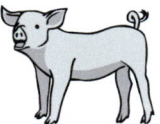

prasiatko
خنزير صغير

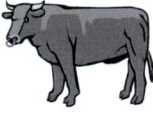

býk
ثور

hus

إوزّة

kačica

بطة

kuriatko

صوص

sliepka

دجاجة

kohút

ديك

potkan

جرذ

mačka

قطّة

myš

فأر

vôl

ثور

pes

كلب

psia búda

كوخ الكلب

záhradná hadica

خرطوم الحديقة

krhla

إبريق

kosa

منجل

pluh

المحراث

kosák

منجل

motyka

معزقة

vidly na hnoj

مذراة الزبل

sekera

بلطة

fúrik

عربة يد

koryto

معلف

kanva na mlieko

صفيحة الحليب

vrece

كيس

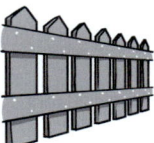

plot

سياج

maštaľ

اصطبل

skleník

دفيئة

pôda

تربة

osivo

بذور

hnojivo

سماد

kombajn

حصّادة دراسة

žať

يحصد

žatva

محصول

batát

بطاطا يامس

pšenica

قمح

sója

صويا

zemiak

بطاطا

kukurica

ذرة

repka

سلجم

ovocný strom

شجرة فاكهة

maniok

نبات منيهوت

obilie

الحبوب

dom

بيت

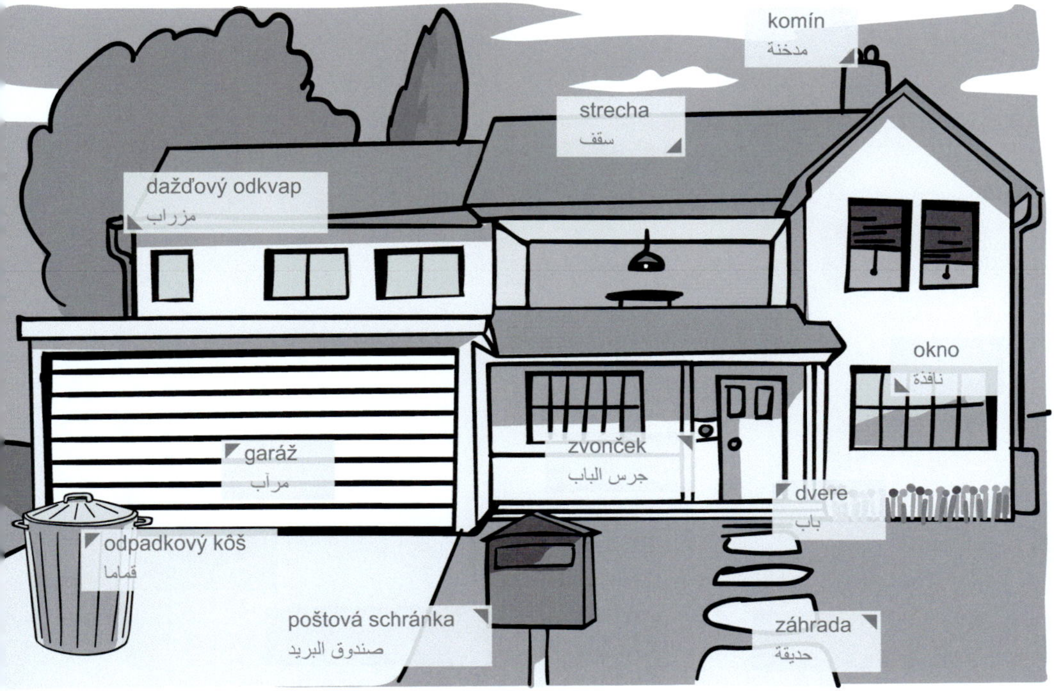
komín
مدخنة
strecha
سقف
dažďový odkvap
مزراب
okno
نافذة
zvonček
جرس الباب
garáž
مرآب
dvere
باب
odpadkový kôš
قمامة
poštová schránka
صندوق البريد
záhrada
حديقة

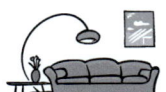

obývačka

غرفة جلوس

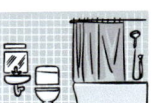

kúpeľňa

الحمّام

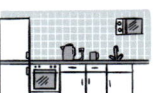

kuchyňa

مطبخ

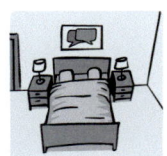

spálňa

غرفة النوم

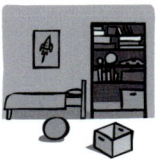

detská izba

غرفة الأطفال

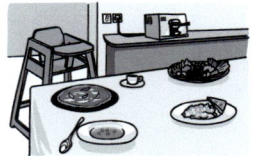

jedáleň

غرفة الطعام

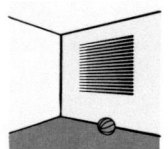

podlaha

أرضية

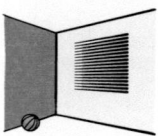

stena

حائط

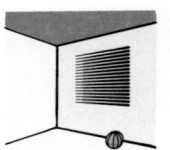

strop

سقف

pivnica

قبو

sauna

ساونا

balkón

بلكون

terasa

شرفة

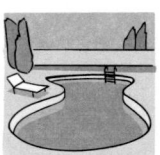

bazén

مسبح

kosačka

جزّازة العشب

obliečka

بياضات السرير

posteľná prikrývka

بطانية

posteľ

سرير

metla

مكنسة

vedro

سطل

vypínač

مفتاح كهربائي

obývačka

غرفة جلوس

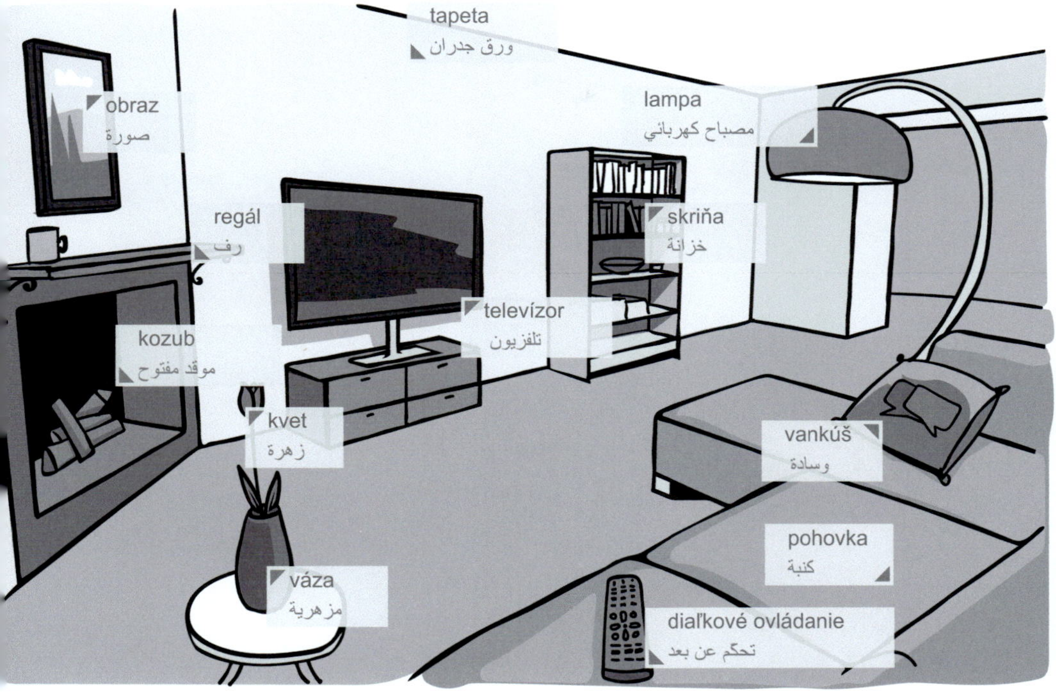

tapeta
ورق جدران
obraz
صورة
lampa
مصباح كهربائي
regál
رف
skriňa
خزانة
televízor
تلفزيون
kozub
موقد مفتوح
kvet
زهرة
vankúš
وسادة
pohovka
كنبة
váza
مزهرية
diaľkové ovládanie
تحكم عن بعد

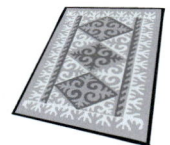

koberec

بصاط

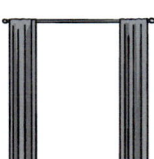

záclona

ستارة

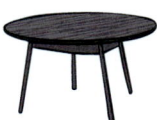

stôl

طاولة

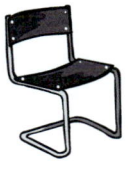

stolička

كرسي

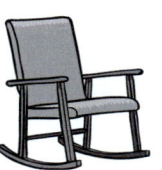

hojdacie kreslo

كرسي هزّاز

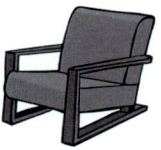

kreslo

كرسي ذو ذراعين

kniha

الكتاب

prikrývka

بطانية

dekorácia

زخرفة

drevo na kúrenie

الحطب

film

فيلم

hi-fi veža

تجهيزات ستيريو

kľúč

مفتاح

noviny

جريدة

maľba

لوحة مرسومة

plagát

مُلصق

rádio

راديو

zápisník

دفتر ملاحظات

vysávač

المكنسة الكهربائية

kaktus

صبّار

sviečka

شمعة

kuchyňa
مطبخ

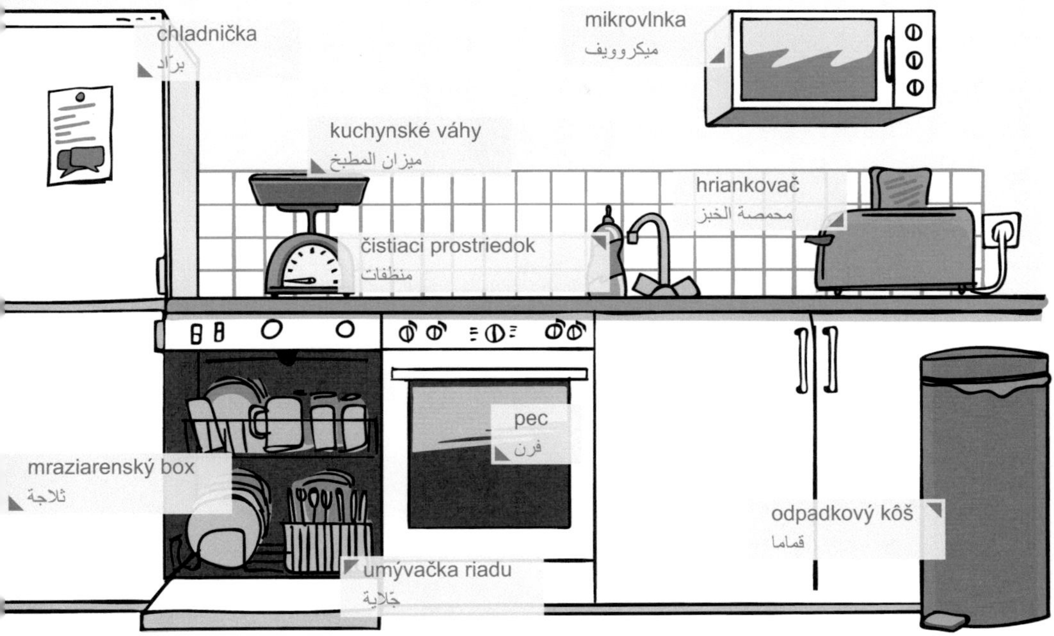

chladnička
برّاد
mikrovlnka
ميكروويف
kuchynské váhy
ميزان المطبخ
hriankovač
محمصة الخبز
čistiaci prostriedok
منظفات
pec
فرن
mraziarenský box
ثلاجة
odpadkový kôš
قماما
umývačka riadu
جّلاية

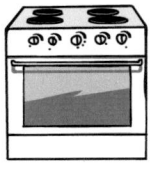

sporák
موقد

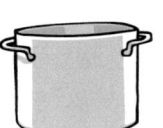

hrniec
قِدر

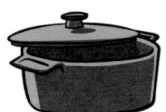

železný hrniec
وعاء من الحديد

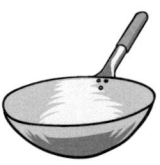

wok / kadai
قدر صيني

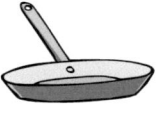

panvica
مقلاة

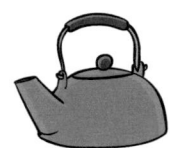

rýchlovarná kanvica
غلاية

parný hrniec

قدر البخار

plech na pečenie

صينية

riad

أواني

pohár

فنجان

misa

صحن

paličky

عيدان الأكل

naberačka na polievku

مغرفة

stierka

ملعقة منبسطة

metlička

خفاقة

cedidlo

مصفاة

sitko

مصفاة

strúhadlo

مبشرة

mažiar

هاون

gril

شواء

ohnisko

موقد

doska na krájanie

لوح التقطيع

valček na cesto

نشابة

vývrtka

مفتاح الزجاجات

konzerva

علبة

otvárač na konzervy

مفتاح العلب المعدنية

chňapka

قماش الفرن

výlevka

مجلى

kefa

فرشاة

hubka

إسفنج

mixér

خلاط

mraznička

مجمّدة

kojenecká fľaša

زجاجة الطفل

vodovodný kohútik

صنبور الماء

kúpeľňa

الحمّام

kúrenie
تدفئة
sprcha
دوش
uterák
منشفة
sprchový záves
ستارة الدوش
pena do kúpeľa
حمام رغوة
vaňa
حوض الحمام
pohár
كاس
práčka
غسّالة
vodovodný kohútik
صنبور الماء
dlaždice
بلاط
nočník
قفازات مطاطية
výlevka
مجلى

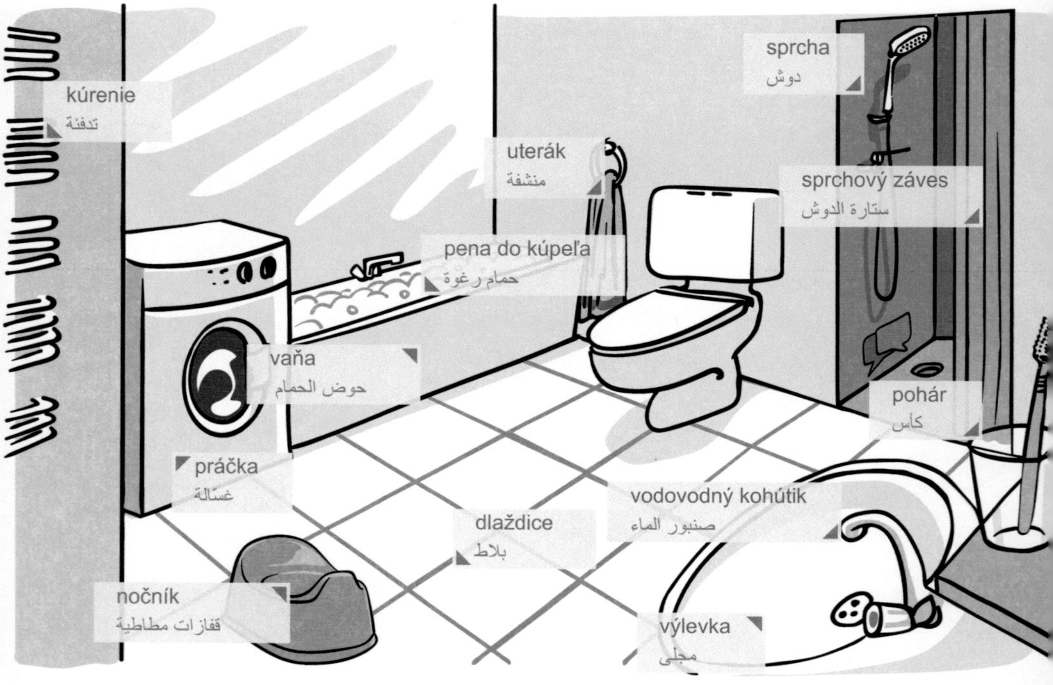

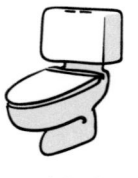

záchod

حمام

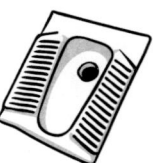

suchý záchod

مرحاض القرفصاء

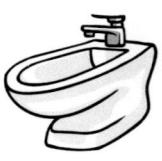

bidet

حوض التشطيف

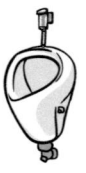

pisoár

مبولة

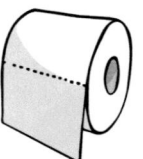

toaletný papier

ورق المرحاض

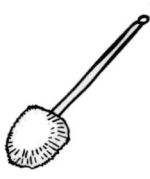

záchodová kefa

فرشاة الحمام

zubná kefka

فرشاة الأسنان

zubná pasta

معجون الأسنان

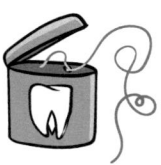

dentálna niť

خيط حرير لتنظيف الأسنان

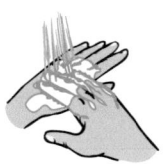

umývať

يغسل

ručná sprcha

رشاش ماء يدوي

sprcha pre intímnu hygienu

شطاف

umývadlo

حوض الغسيل

kefa na chrbát

فرشاة الظهر

mydlo

صابون

sprchový gél

جيل الدوش

šampón

شامبو

frotírová rukavica

ممسحة

odtok

مصرف للماء

krém

مرهم

dezodorant

مزيل الروائح

zrkadlo

مرآة

kozmetické zrkadlo

مرآة يد

žiletka

موس حلاقة

pena na holenie

رغوة الحلاقة

voda po holení

كولونيا

hrebeň

مشط

kefa

فرشاة

sušič vlasov

سشوار

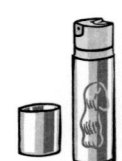

sprej na vlasy

مثبت للشعر

make-up

ماكياج

rúž

روج

lak na nechty

طلاء أظافر

vata

قطن

nožnice na nechty

مقص أظافر

parfum

عطر

kozmetická taška

سلة الغسيل

stolček

مقعد صغير

váha

ميزان

kúpací plášť

معطف الحمام

gumové rukavice

قفازات مطاطية

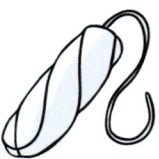

tampón

سدادة قطنية

menštruačná vložka

منشفة صحية

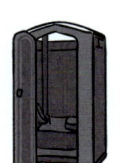

chemické WC

تواليت كيميائية

detská izba

غرفة الأطفال

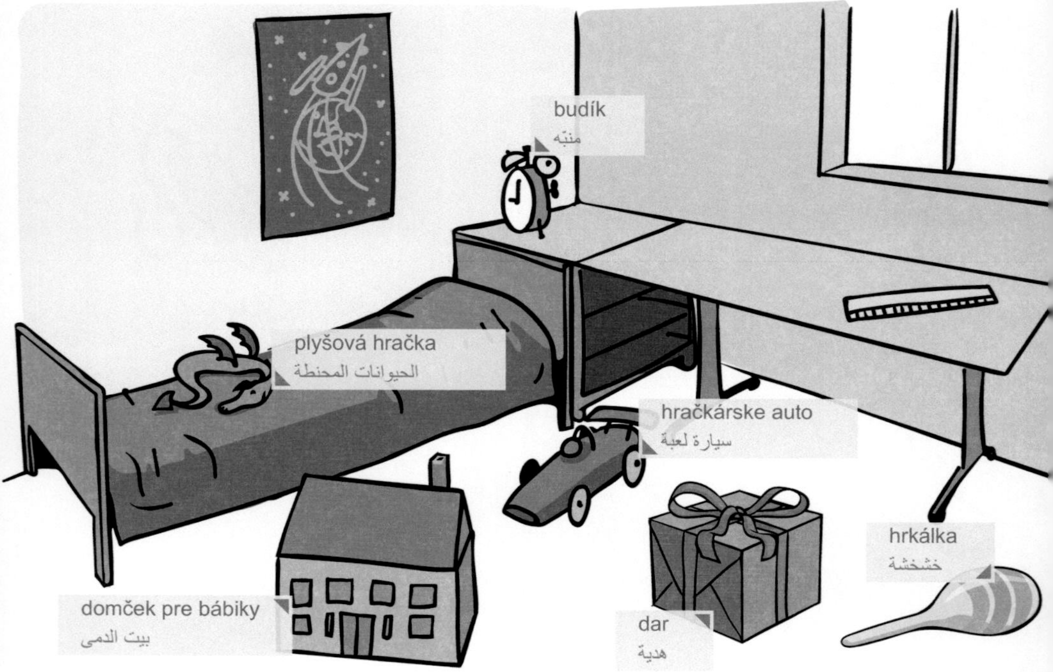
budík
منبه
plyšová hračka
الحيوانات المحنطة
hračkárske auto
سيارة لعبة
hrkálka
خشخشة
domček pre bábiky
بيت الدمى
dar
هدية

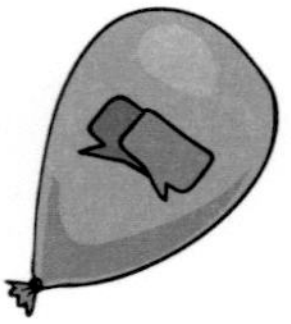

balón

بالون

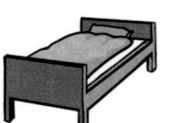

posteľ

سرير

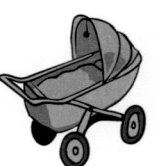

detský kočík

عربة الأطفال

karty

لعبة الورق

puzzle

أحجية

SUPER MEGA

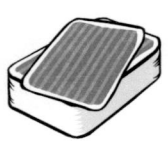

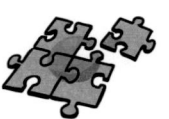

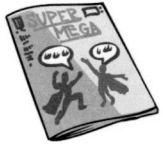

komix

رسوم هزلية

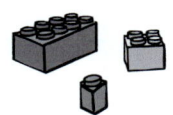

skladačka lego

أحجار الليغو

stavebnica

حجارة تركيب

akčná postavička

دمية بطل

dupačky

لباس الطفل

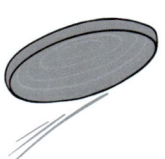

lietajúci tanier

فريسبي

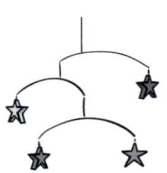

závesné hračky

دمية معلّقة

stolová hra

لعبة الطاولة

kocka

لعبة النرد

modelový vláčik

لعبة قطار

cumlík

مصّاصة

párty

حفلة

obrázková kniha

كتاب مصوّر

lopta

كرة

bábika

دمية

hrať sa

يلعب

pieskovisko

ملعب رملي للأطفال

hojdačka

أرجوحة

hračky

لعبة

hracia konzola

ألعاب فيديو

trojkolka

دراجة ثلاثية

medvedík

دمية على شكل الدب

šatník

خزانة الثياب

šatstvo

ثياب

ponožky

جوارب قصيرة

pančuchy

جوارب طويلة

pančuchové nohavičky

جورب بنطلون

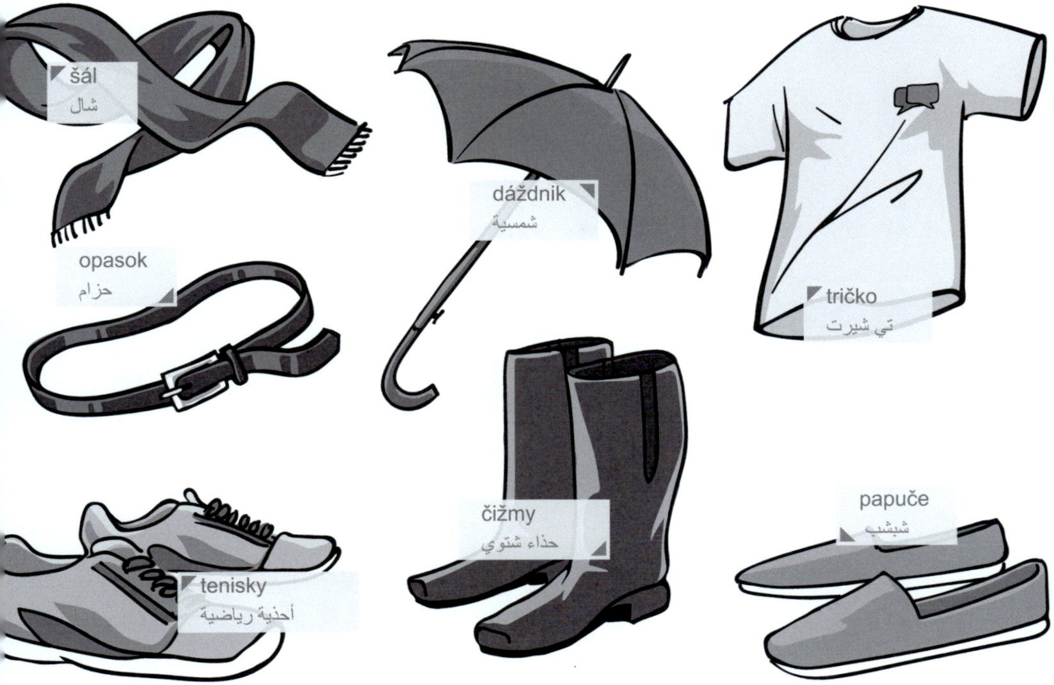

šál
شال

dáždnik
شمسية

opasok
حزام

tričko
تي شيرت

čižmy
حذاء شتوي

papuče
شبشب

tenisky
أحذية رياضية

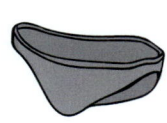

sandále

صندل

topánky

حذاء

gumáky

جزمة كاوتشوك

spodky

سروال داخلي

podprsenka

صدّارة

tielko

قميص داخلي

body

لباس ملاصق للجسم

nohavice

بنطلون

džínsy

جينز

sukňa

تنورة

blúzka

بلوزة

košeľa

قميص

pulóver

سترة قطنية

sveter

كنزة كم طويل

blejzer

سترة فضفاضة

bunda

سترة

kabát

معطف

pršiplášť

معطف مطري

kostým

زي - طقم نسائي

šaty

ثوب

svadobné šaty

ثوب الزفاف

oblek

طقم

nočná košeľa

قميص نوم

pyžamo

بيجاما

sari

ساري

šatka na hlavu

حجاب

turban

عمامة

burka

برقع

kaftan

قفطان

abaja

عباءة

dvojdielne plavky

مايوه

plavky

سروال سباحة

šortky

شرت

tepláková súprava

بدلة رياضية

zástera

منزر

rukavice

قفازات

gombík

ز ر

okuliare

نظّارة

náramok

إسوارة

retiazka

عقد

prsteň

خاتم

náušnica

قرط

čiapka

طاقيّة

vešiak

علاقة ثياب

klobúk

قبّعة

kravata

ربطة العنق

zips

سحّاب

prilba

خوذة

traky

حمّالة البنطلون

školská uniforma

اللباس المدرسي

uniforma

زي موحّد

podbradník

مريلة الأطفال

cumlík

مصّاصة

plienka

لفافة

kancelária

مكتب

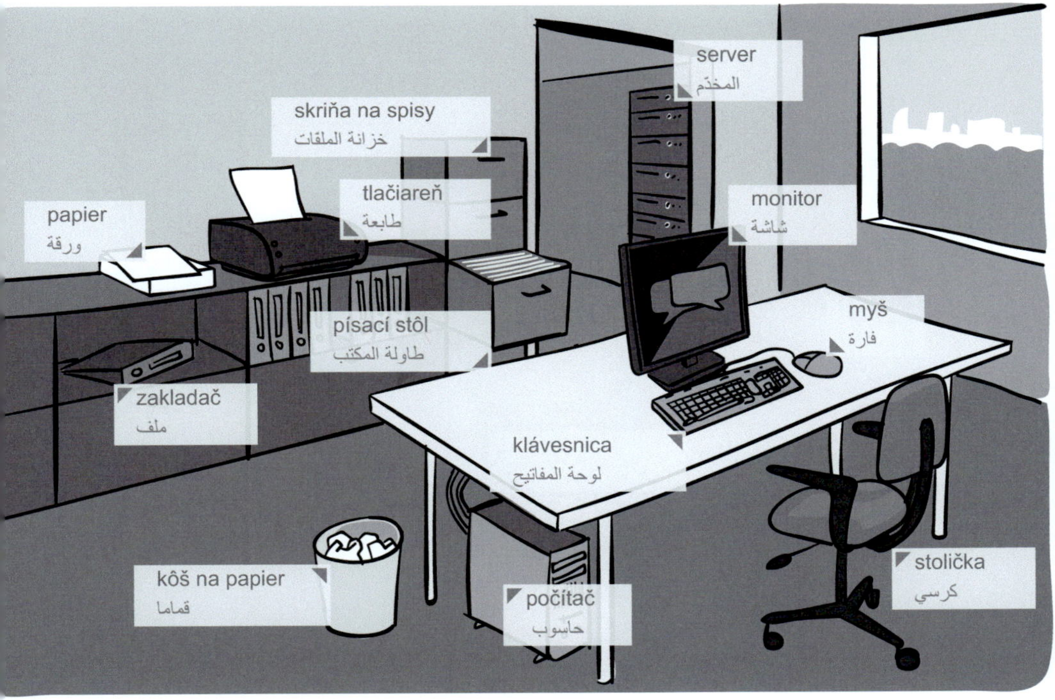

server
المخدّم

skriňa na spisy
خزانة الملفات

tlačiareň
طابعة

monitor
شاشة

papier
ورقة

písací stôl
طاولة المكتب

myš
فارة

zakladač
ملف

klávesnica
لوحة المفاتيح

kôš na papier
قماما

počítač
حاسوب

stolička
كرسي

hrnček na kávu

كأس من القهوة

kalkulačka

الآلة الحاسبة

internet

الإنترنت

laptop

الحاسوب المحمول

list

رسالة

správa

خبر

mobil

الهاتف المحمول

sieť

شبكة

kopírka

جهاز تصوير

softvér

البرمجيات

telefón

هاتف

elektrická zásuvka

مقبس كهربائي

fax

فاكس

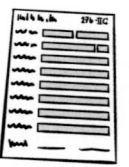

formulár

استمارة

doklad

وثيقة

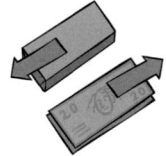

kúpiť

يشتري

platiť

يدفع

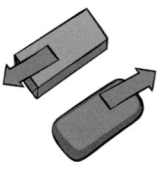

obchodovať

يتاجر

peniaze

مال

dolár

دولار

euro

يورو

jen

ين

rubeľ

روبل

švajčiarsky frank

فرنك سويسري

čínsky jüan

يوان

rupia

روبية

bankomat

صرّاف آلي

zmenáreň

مكتب صرافة

zlato

ذهب

striebro

فضة

ropa

نفط

energia

طاقة

cena

سعر

zmluva

عقد

daň

ضريبة

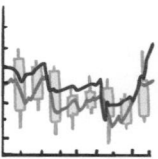

akcia

سهم

pracovať

يعمل

zamestnanec

موظف

zamestnávateľ

رب العمل

továreň

مصنع

obchod

متجر

policajt
الشرطي

hasič
رجل إطفاء

kuchár
طبَّاخ

lekár
الطبيب

pilót
طيَّار

záhradník

بستاني

stolár

نجَّار

krajčírka

خيَّاطة

sudca

قاض

chemik

كيمياني

herec

ممثِّل

vodič autobusu

سائق حافلة

taxikár

سائق تاكسي

rybár

صياد سمك

upratovačka

أجيرة للتنظيف

pokrývač

بناء سقف

čašník

نادل

poľovník

صيّاد

maliar

رسّام

pekár

خباز

elektrikár

كهربائي

stavebný robotník

عامل بناء

inžinier

مهندس

mäsiar

لحَام

klampiar

سمكري

poštár

ساعي البريد

vojak

جندي

architekt

مهندس معماري

pokladník

أمين صندوق

kvetinár

بائع الزهور

kaderník

حلاق

sprievodca

مراقب القطار

mechanik

ميكانيكي

kapitán

قبطان

zubár

طبيب أسنان

vedec

رجل العلم

rabín

حاخام

imám

إمام

mních

راهب

farár

كاهن

náradie

عدة عمل

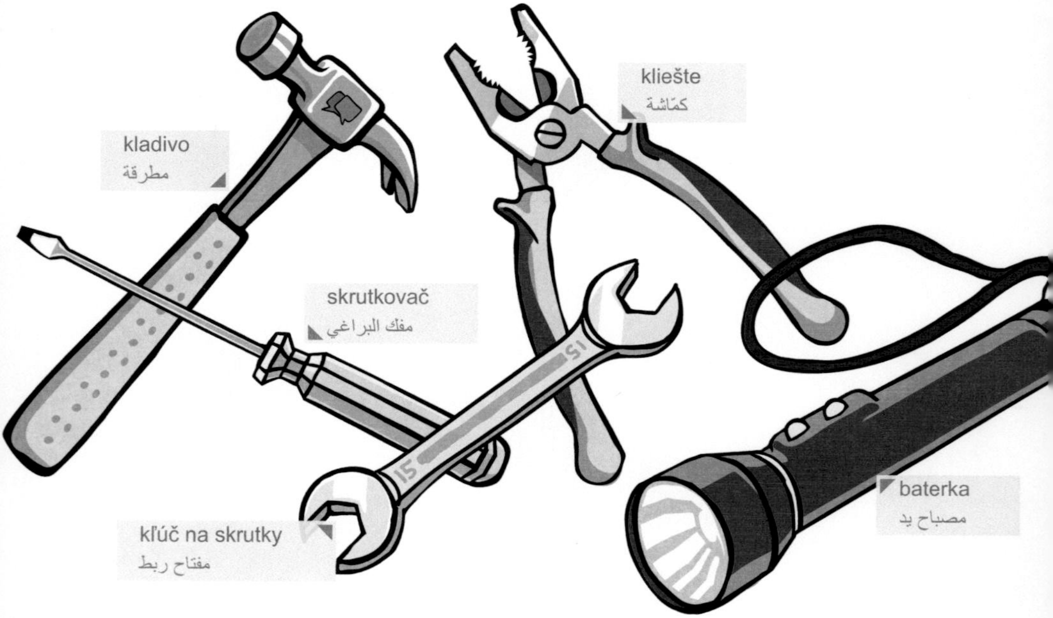

kliešte
كمّاشة
kladivo
مطرقة
skrutkovač
مفك البراغي
baterka
مصباح يد
kľúč na skrutky
مفتاح ربط

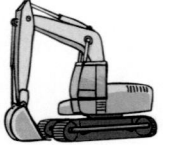

bager

جرافة

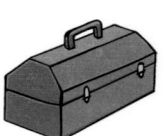

súprava náradia

صندوق العدة

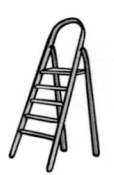

rebrík

سلّم

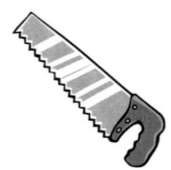

pílka

منشار

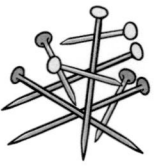

klince

مسامير

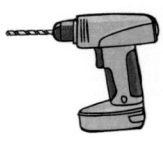

vrták

مثقب

opraviť

يصلح

lopata

مجرفة

Do čerta!

اللعنة

lopatka na smeti

لقاطة الكناسة

nádoba s farbou

سطل الألوان

skrutky

براغي

hudobné nástroje

آلات موسيقية

bicie

آلات الإيقاع

reproduktor

مكبر الصوت

gitara

غيتار

kontrabas

كمان أجهر

trúbka

بوق

klavír

بيانو

husle

كمنجة

basa

جهير

tympany

طبل كبير

bubon

طبل

klávesnica

بيانو كهرباني

saxofón

ساكسوفون

flauta

ناي

mikrofón

ميكروفون

ZOO

حديقة حيوانات

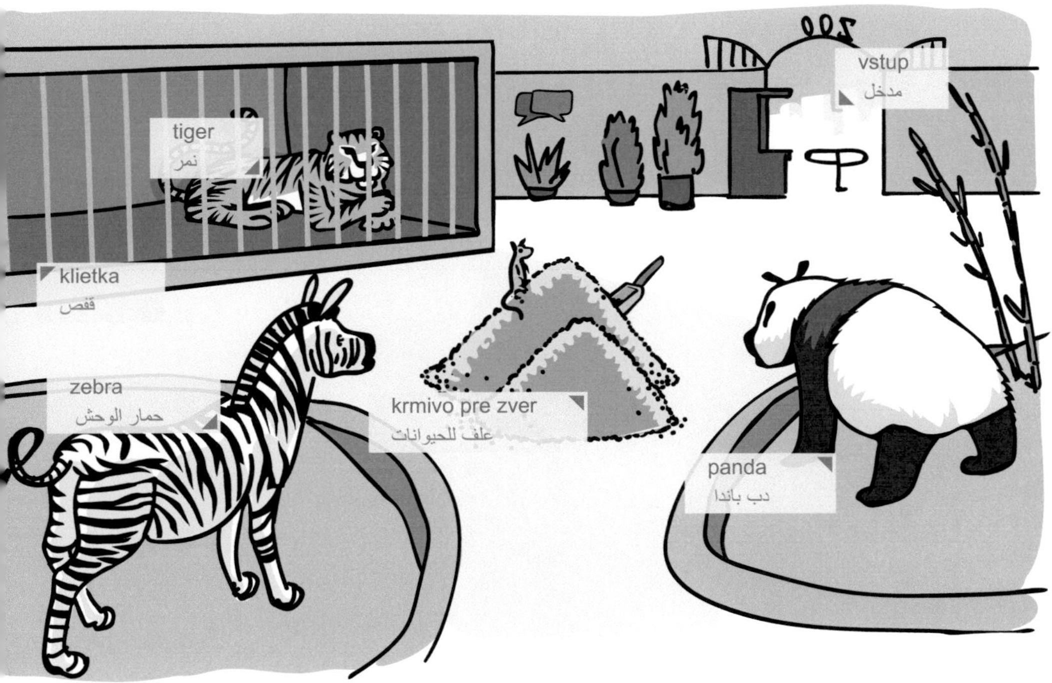

tiger
نمر
vstup
مدخل
klietka
قفص
zebra
حمار الوحش
krmivo pre zver
علف للحيوانات
panda
دب باندا

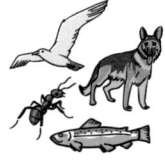

zvieratá

حيوانات

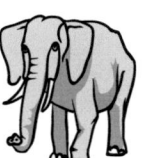

slon

فيل

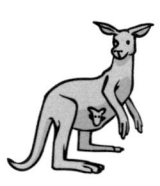

klokan

كنغر

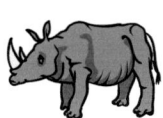

nosorožec

وحيد القرن

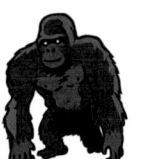

gorila

غوريلا

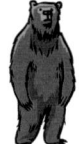

medveď

دب

ťava

جمل

pštros

نعامة

lev

أسد

opica

قرد

plameniak

طائر فلامينغو

papagáj

ببغاء

ľadový medveď

دب قطبي

tučniak

بطريق

žralok

سمك القرش

páv

طاووس

had

أفعى

krokodíl

تمساح

ošetrovateľ v ZOO

حارس في حديقة الحيوان

tuleň

عجل البحر

jaguár

نمر أمريكي مرقط

poník

فرس قزم

leopard

نمر

hroch

فرس النهر

žirafa

زرافة

orol

نسر

diviak

خنزير برّي

ryba

سمك

korytnačka

سلحفاة

mrož

حيوان فظ البحري

líška

ثعلب

gazela

غزال

americký futbal
كرة القدم الأمريكية

cyklistika
ركوب الدراجات

tenis
كرة التنس

basketbal
كرة السلة

plávanie
السباحة

box
الملاكمة

hokej
هوكي الجليد

futbal

كرة القدم

bedminton

الريشة الطائرة

ľahká atletika

ألعاب القوى الخفيفة

hádzaná

كرة اليد

lyžovanie

التزلج على الثلج

pólo

بولو

skočiť
يقفز

smiať sa
يضحك

objať
يعانق

spievať
يغنّي

chodiť
يمشي

snívať
يحلم

modliť sa
يصلي

pobozkať
يقبّل

písať

يكتب

kresliť

يرسم

ukázať

يُري

tlačiť

يدفع

dať

يعطي

brať

يأخذ

mať

يملك

robiť

يعمل

byť

يوجد

stáť

يقف

bežať

يركض

ťahať

يسحب

hádzať

يرمي

padnúť

يقع

ležať

يستلقي

čakať

ينتظر

nosiť

يحمل

sedieť

يجلس

obliecť sa

يلبس

spať

ينام

zobudiť sa

يستيقظ

pozerať

ينظر إلى ..

plakať

يبكي

hladkať

يمسّد

česať

يمشّط

hovoriť

يتكلم

rozumieť

يفهم

pýtať sa

يسأل

počuť

يسمع

piť

يشرب

jesť

يأكل

upratať

يرتب

milovať

يحب

variť

يطبخ

jazdiť

يقود

letieť

يطير

plachtiť

ييحر بزورق شراعي

počítať

يحسب

čítať

يقرأ

učiť sa

يتعلم

pracovať

يعمل

oženiť

يتزوج

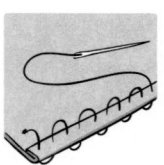

šiť

يخيط

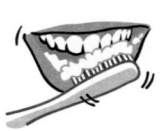

čistiť zuby

ينظف أسنانه

zabiť

يقتل

fajčiť

يدخّن

poslať

يرسل

rodina
عائلة

stará mama
جدّة
starý otec
جدّ
otec
أب
mama
أم
bábo
الطفل
dcéra
ابنة
syn
ابن

hosť

ضيف

teta

عمّة / خالة

strýko

عمّ / خال

brat

أخ

sestra

أخت

telo

الجسم

čelo
الجبين
oko
العين
plece
الكتف
prst
الإصبع
tvár
الوجه
brada
الذقن
ruka
اليد
noha
الساق
hruď
الصدر
rameno
الذراع

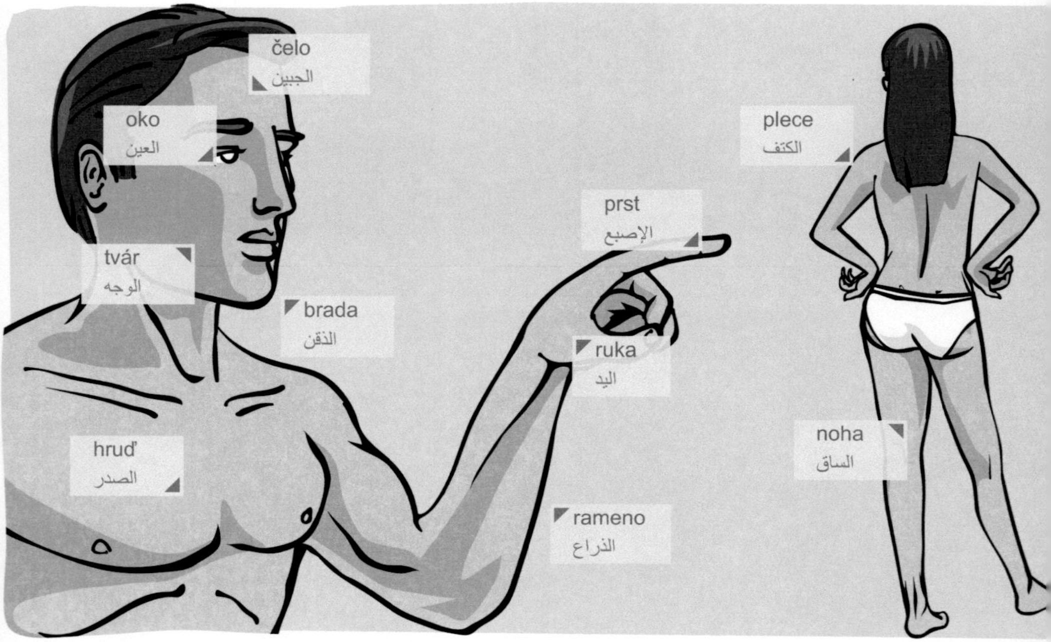

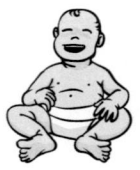

bábo

الطفل

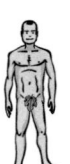

muž

الرجل

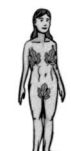

žena

المرأة

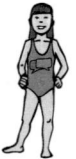

dievča

البنت

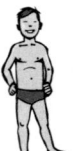

chlapec

الولد

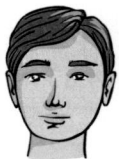

hlava

الرأس

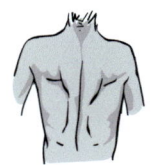

chrbát

الظهر

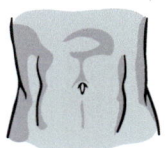

brucho

البطن

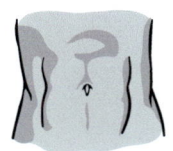

pupok

السرّة

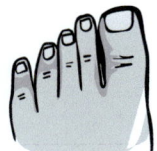

prst na nohe

إصبع القدم

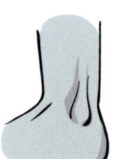

päta

الكعب

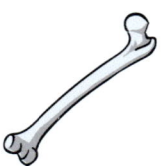

kosť

العظم

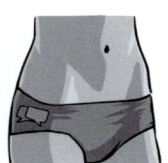

bok

الورك

koleno

الركبة

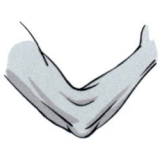

lakeť

المرفق

nos

الأنف

zadok

العجُز

koža

البشرة

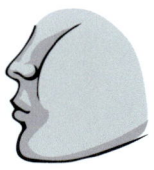

líce

الخد

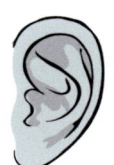

ucho

الأذن

pery

الشفة

ústa

الفم

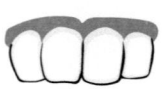

zub

السن

jazyk

اللسان

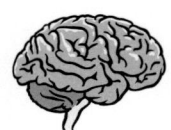

mozog

الدماغ

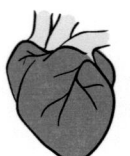

srdce

القلب

svaly

العضلة

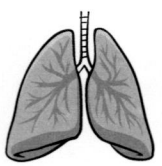

pľúca

الرئة

pečeň

الكبد

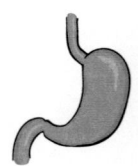

žalúdok

المعدة

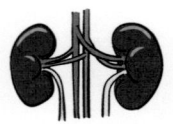

obličky

الكلى

pohlavný styk

الاتصال الجنسي

kondóm

الواقي المطاطي

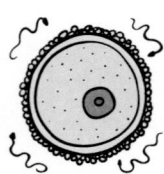

vaječná bunka

البويضة

semeno

المنيّ

tehotenstvo

الحمل

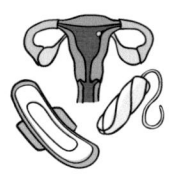

menštruácia

الحيض

vagína

المهبل

penis

القضيب

obočie

الحاجب

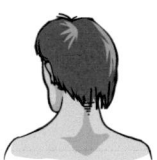

vlasy

الشعر

krk

الرقبة

nemocnica
المستشفى

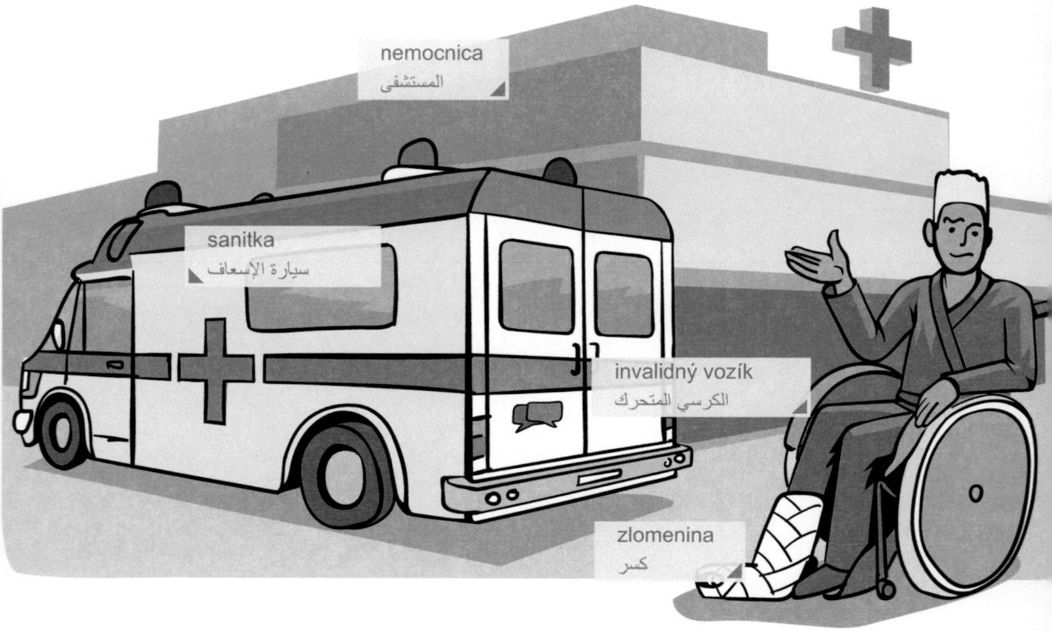

nemocnica
المستشفى
sanitka
سيارة الإسعاف
invalidný vozík
الكرسي المتحرك
zlomenina
كسر

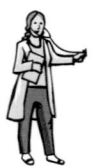

lekár

الطبيب

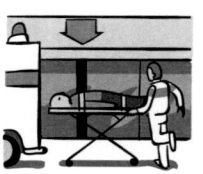

urgentný príjem

غرفة الإسعاف

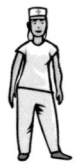

sestrička

الممرضة

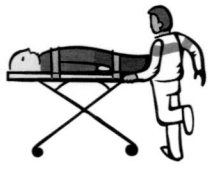

urgentný prípad

حالة

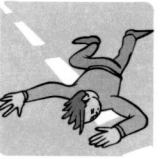

v bezvedomí

مغمى عليه

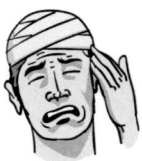

bolesť

الألم

zranenie

إصابة

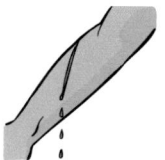

krvácanie

النزيف

srdcový infarkt

احتشاء القلب

mozgová porážka

جلطة

alergia

حسسية

kašeľ

السعال

teplota

الحُمَّى

chrípka

إنفلونزا

hnačka

الإسهال

bolesť hlavy

وجع الرأس

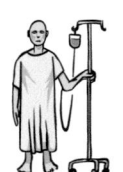

rakovina

السرطان

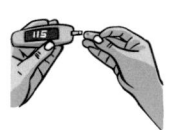

cukrovka

مرض السكر

chirurg

جرّاح

skalpel

مبضع

operácia

عملية

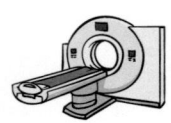

CT

سيتي سكان

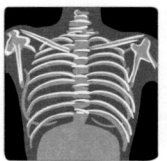

RTG

الأشعة السينية

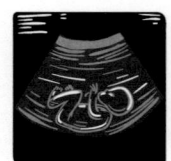

ultrazvuk

فوق الصوتي

maska

القناع

choroba

المرض

čakáreň

غرفة الانتظار

barla

العُكاز

náplasť

شريط لاصق

obväz

ضماد

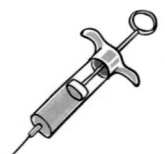

injekcia

حقنة

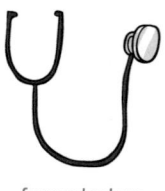

fonendoskop

سمّاعة الطبيب

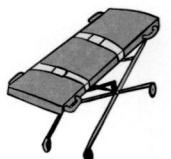

nosidlá

نقالة

teplomer

ميزان حرارة

pôrod

ولادة

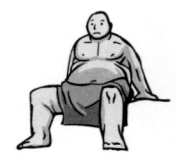

nadváha

وزن زائد

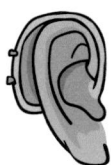

audiofón

جهاز السمع

dezinfekčný prostriedok

المواد المعقمة

infekcia

عدوى

vírus

فيروس

HIV / AIDS

الإيدز

medicína

الطب

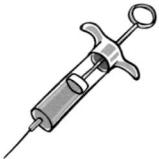

očkovanie

اللقاح

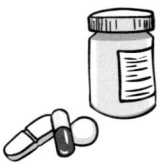

tabletky

أقراص الدواء

antikoncepčná pilulka

حبّة الدواء

tiesňové volanie

نداء النجدة

tlakomer

مقياس ضغط الدم

chorý / zdravý

مريض / صحيح

Pomoc!

النجدة!

alarm

إنذار

prepad

اعتداء

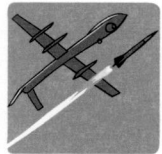

útok

هجوم

nebezpečenstvo

خطر

núdzový východ

مخرج طوارئ

Horí!

حريق!

hasičský prístroj

جهاز الإطفاء

nehoda

حادث

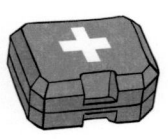

kufrík prvej pomoci

حقيبة الإسعاف الأولي

SOS

أنقذونا

polícia

الشرطة

Európa

أوروبا

Severná Amerika

أمريكا الشمالية

Južná Amerika

أمريكا الجنوبية

Afrika

أفريقيا

Ázia

آسيا

Austrália

أستراليا

Atlantický oceán

المحيط الأطلسي

Tichý oceán

المحيط الهادي

Indický oceán

المحيط الهندي

Južný oceán

المحيط المتجمد الجنوبي

Severný ľadový oceán

المحيط المتجمد الشمالي

Severný pól

القطب الشمالي

Južný pól

القطب الجنوبي

Antarktída

منطقة القطب الجنوبي

Zem

أرض

krajina

بر

more

بحر

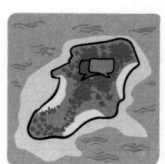

ostrov

جزيرة

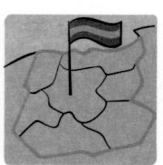

národ

أمة

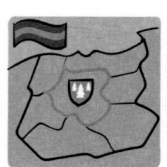

štát

دولة

ciferník

ميناء الساعة

hodinová ručička

عقرب الساعات

minútová ručička

عقرب الدقائق

sekundová ručička

عقرب الثواني

Koľko je hodín?

كم الساعة الآن؟

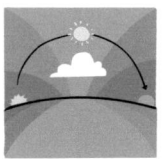

deň

يوم

čas

زمن

teraz

الآن

digitálne hodiny

ساعة رقمية

minúta

دقيقة

hodina

ساعة

týždeň
أسبوع

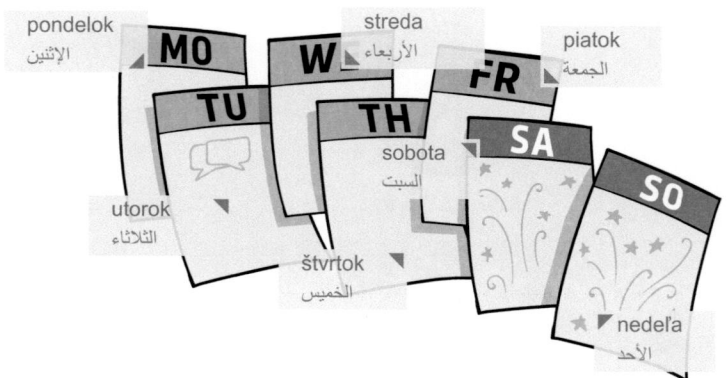

pondelok — الإثنين
utorok — الثلاثاء
streda — الأربعاء
štvrtok — الخميس
piatok — الجمعة
sobota — السبت
nedeľa — الأحد

včera

الأمس

dnes

اليوم

zajtra

غداً

ráno

الصباح

poludnie

الظهر

večer

المساء

MO	TU	WE	TH	FR	SA	SU
1	2	3	4	5	6	7
8	9	10	11	12	13	14
15	16	17	18	19	20	21
22	23	24	25	26	27	28
29	30	31	1	2	3	4

pracovné dni

أيام العمل

MO	TU	WE	TH	FR	SA	SU
1	2	3	4	5	6	7
8	9	10	11	12	13	14
15	16	17	18	19	20	21
22	23	24	25	26	27	28
29	30	31	1	2	3	4

víkend

نهاية الأسبوع

dážď
مطر

dúha
قوس قزح

sneh
ثلج

vietor
ريح

jar
الربيع

leto
الصيف

jeseň
الخريف

zima
الشتاء

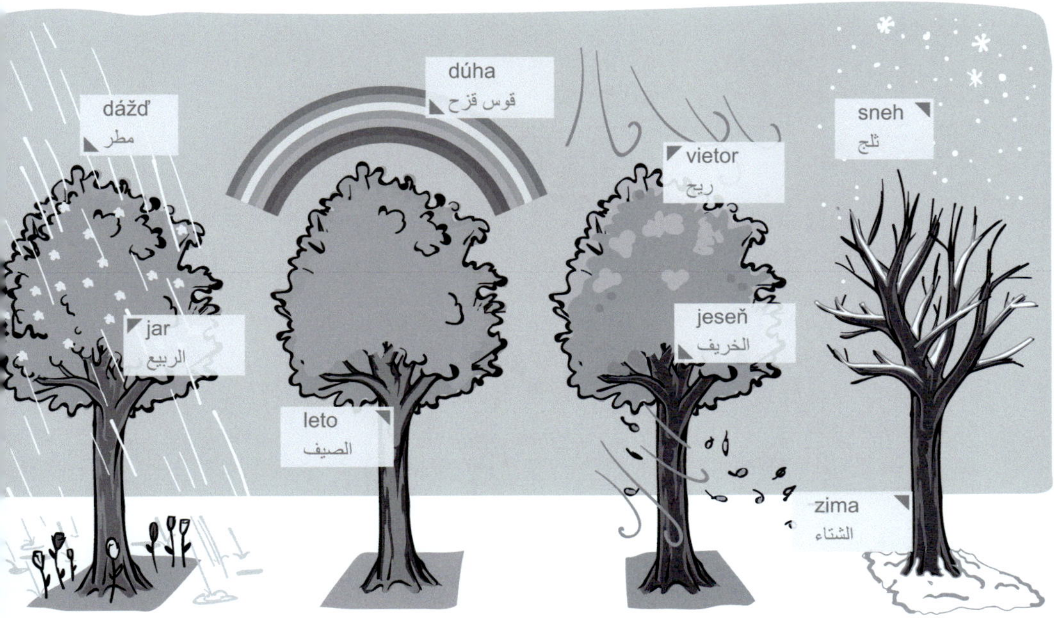

predpoveď počasia

التنبؤ بالحالة الجوية

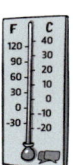

teplomer

مقياس حرارة

slnečný svit

ضوء الشمس

oblak

سحابة

hmla

ضباب

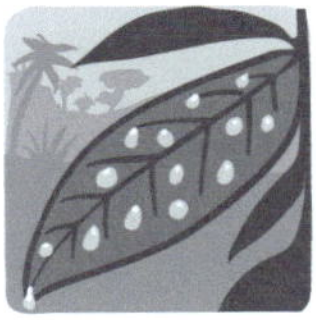

vlhkosť vzduchu

رطوبة الجو

blesk

برق

hrom

رعد

búrka

عاصفة

krúpy

بَرَد

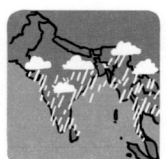

monzún

ريح موسمية

záplava

طوفان

ľad

جليد

január

كانون الثاني / يناير

február

شباط / فبراير

marec

آذار / مارس

apríl

نيسان / أبريل

máj

أيار / مايو

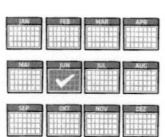

jún

حزيران / يونيو

júl

تَموز / يوليو

august

أب / أغسطس

september

أيلول / سبتمبر

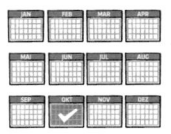

október

تشرين الأول / أكتوبر

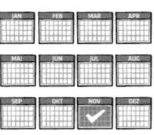

november

تشرين الثاني / نوفمبر

december

كانون الأول / ديسمبر

tvary

أشكال

kruh

دائرة

štvorec

مربَع

obdĺžnik

مستطيل

trojuholník

مثلّث

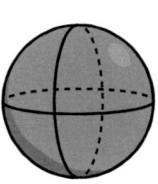

guľa

كرة

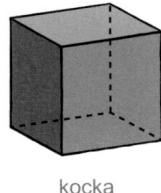

kocka

مكعب

biela

أبيض

žltá

أصفر

oranžová

برتقالي

ružová

وردي

červená

أحمر

fialová

بنفسجي

modrá

أزرق

zelená

أخضر

hnedá

بنّي

šedá

رمادي

čierna

أسود

veľa / málo

كثير / قليل

zúrivý / pokojný

غضبان / هادئ

pekný / škaredý

جميل / قبيح

začiatok / koniec

بداية / نهاية

veľký / malý

كبير / صغير

svetlý / tmavý

فاتح / قاتم

brat / sestra

أخ / أخت

čistý / špinavý

نظيف / وسخ

úplný / neúplný

كامل / ناقص

deň / noc

نهار / ليل

mŕtvy / živý

ميّت / حيّ

široký / úzky

عريض / ضيّق

chutný / nechutný

صالح للأكل / غير صالح

zlostný / láskavý

شرّير / لطيف

vzrušený / unudený

مثير / ممل

tlstý / chudý

سمين / نحيف

prvý / posledný

أولا / أخيراً

priateľ / nepriateľ

صديق / عدو

plný / prázdny

مليء / فارغ

tvrdý / mäkký

صلب / لَيّن

ťažký / ľahký

ثقيل / خفيف

hlad / smäd

جوع / عطش

chorý / zdravý

مريض / صحيح

nelegálny / legálny

غير شرعي / شرعي

inteligentný / hlúpy

ذكي / غبي

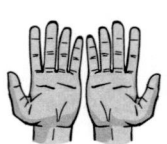

vľavo / vpravo

يسار / يمين

blízko / ďaleko

قريب / بعيد

nový / použitý

جديد / مستعمل

nič / niečo

لا شيء / بعض الشيء

starý / mladý

مسين / شاب

zapnuté / vypnuté

يشعل / يطفئ

otvorené / zatvorené

مفتوح / مغلق

tichý / hlasný

خافت / عال

bohatý / chudobný

غني / فقير

správne / nesprávne

صح / خطأ

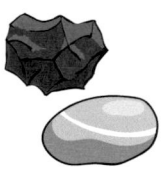

drsný / hladký

أحرش / املس

smutný / šťastný

حزين / سعيد

krátky / dlhý

قصير / طويل

pomaly / rýchlo

بطيء / سريع

mokrý / suchý

مبلول / جاف

teplý / studený

ساخن / بارد

vojna / mier

حرب / سلم

0

nula

صفر

1

jeden

واحد

2

dva

اثنان

3

tri

ثلاثة

4

štyri

أربعة

5

päť

خمسة

6

šesť

ستة

7

sedem

سبعة

8

osem

ثمانية

9

deväť

تسعة

10

desať

عشرة

11

jedenásť

أحد عشر

12
dvanásť

اثنا عشر

13
trinásť

ثلاثة عشر

14
štrnásť

أربعة عشر

15
pätnásť

خمسة عشر

16
šestnásť

ستة عشر

17
sedemnásť

سبعة عشر

18
osemnásť

ثمانية عشر

19
devätnásť

تسعة عشر

20
dvadsať

عشرون

100
sto

مائة

1.000
tisíc

ألف

1.000.000
milión

مليون

angličtina

الإنكليزية

americká angličtina

الإنكليزية الأمريكية

mandarínska čínština

لغة ماندارين الصينية

hindčina

الهندية

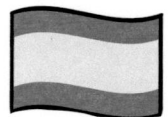

španielčina

الإسبانية

francúzština

الفرنسية

arabčina

العربية

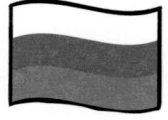

ruština

الروسية

portugalčina

البرتغالية

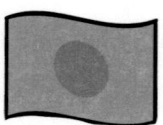

bengálčina

البنغالية

nemčina

الألمانية

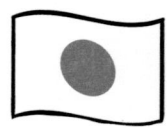

japončina

اليابانية

ja

أنا

ty

أنتَ

on/ona/ono

هو / هي

my

نحن

vy

أنتم

oni

هم

kto?

من؟

čo?

ماذا؟

ako?

كيف؟

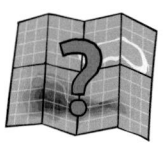

kde?

أين؟

kedy?

متى؟

meno

اسم

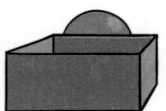

za
خلف

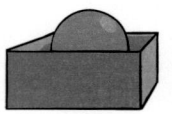

v
في

pred
أمام

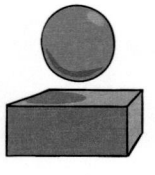

nad
فوق

na
على

pod
تحت

vedľa
جنب

medzi
بين

miesto
مكان